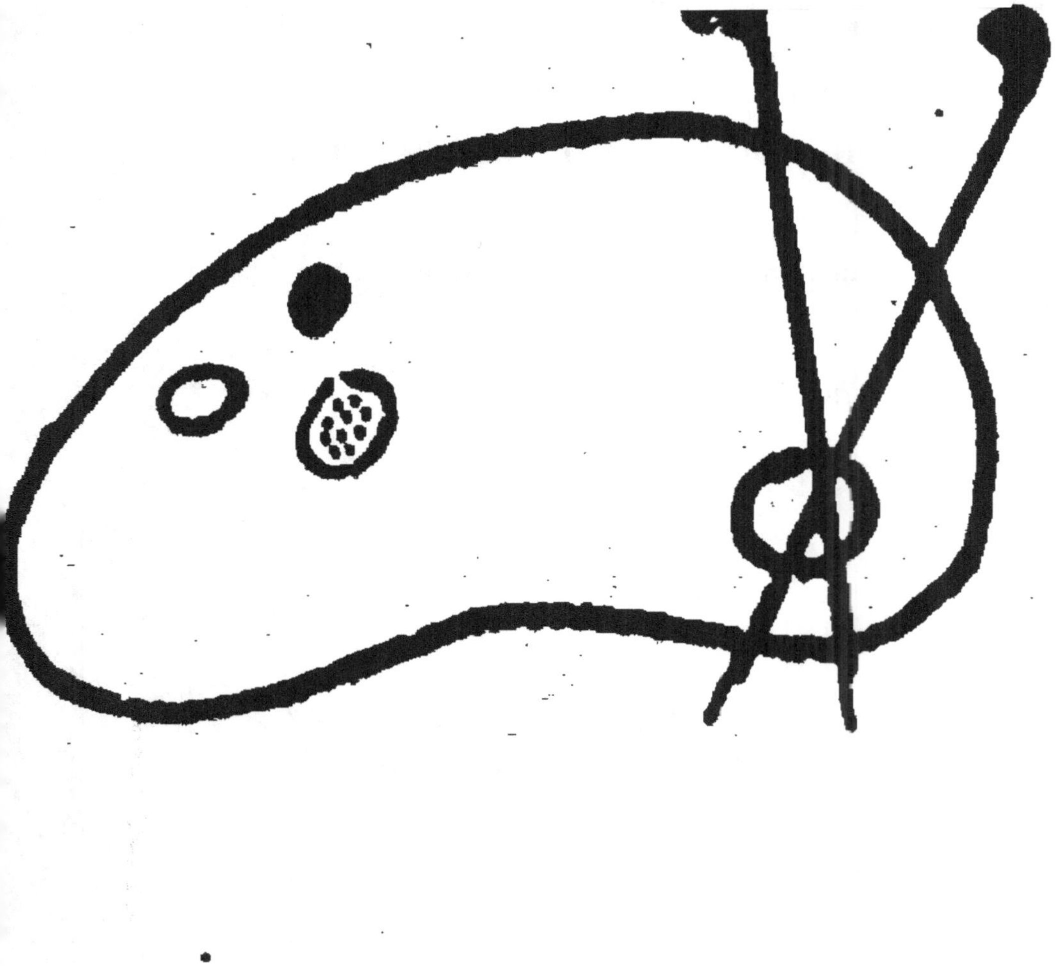

Couvertures supérieure et inférieure
en couleur

UNION

DU TITRE ABBATIAL

DE LA TRINITÉ DE VENDÔME

A LA COLLÉGIALE DE SAINT-GEORGES

(1780-1789)

Suivi d'une Biographie de **Mgr de Bourdeilles**

31e & dernier abbé de la Trinité

& DE PIÈCES JUSTIFICATIVES

Par M. l'Abbé Ch. MÉTAIS

Curé de Saint-Rimay

Extrait du Bulletin de la Société Archéologique,
Scientifique & Littéraire du Vendômois

VENDOME

TYPOGRAPHIE LEMERCIER

1883

UNION
DU TITRE ABBATIAL

DE LA TRINITÉ DE VENDOME

A LA COLLÉGIALE DE SAINT-GEORGES

(1780 - 1789)

Suivi d'une Biographie de **Mgr de Bourdeilles**
34e & dernier abbé de la Trinité

& DE PIÈCES JUSTIFICATIVES

Par **M. l'Abbé Ch. MÉTAIS**
Curé de Saint-Rimay

Extrait du Bulletin de la Société Archéologique,
Scientifique & Littéraire du Vendômois.

VENDOME

TYPOGRAPHIE LEMERCIER

1883

UNION

DU

TITRE ABBATIAL DE LA TRINITÉ

DE VENDOME

A LA COLLÉGIALE DE SAINT-GEORGES

(1780 - 1789)

SUIVI D'UNE

Biographie de Mgr de Bourdeilles

34ᵉ & dernier abbé de la Trinité

& DE PIÈCES JUSTIFICATIVES

———

I. — AVANT-PROPOS.

L'histoire de la ville de Vendôme est liée intimement à celle des grands monuments religieux qui ont fleuri dans ses murs, et en particulier à l'histoire de l'abbaye de la Trinité et de la collégiale Saint-Georges. Toutefois l'on connaît bien peu les dernières phases de l'existence de ces deux dernières institutions ; nous croyons donc faire œuvre utile en jetant aujourd'hui un peu de lumière sur ce point.

Des pièces très importantes et du plus haut intérêt nous étaient tombées entre les mains, lors de la découverte de l'inventaire des reliquaires et bijoux spoliés par Jeanne d'Albret en 1562. Depuis ce temps, nous avons fait nous-même et nous avons fait faire les recherches les plus actives pour les compléter ; mais nos efforts n'ont pu nous procurer de renseignements beaucoup plus précis.

Avant d'aborder directement notre sujet, il nous faut dire brièvement quel était alors l'état temporel et spirituel et de l'abbaye de la Trinité et de la collégiale de Saint-Georges.

II. — ETAT SOMMAIRE
DE LA COLLÉGIALE SAINT-GEORGES.

Le chapitre devait se ressentir étrangement de l'abandon du château par ses propriétaires. Les chanoines, n'ayant plus à côté d'eux leurs bienfaiteurs, voyaient chaque jour diminuer leurs ressources. Il leur fallait subvenir par eux-mêmes aux frais du culte, à la réparation et à l'entretien de leur église et de leurs ornements. Aussi furent-ils bientôt réduits à un véritable état de pauvreté. On peut lire aux Pièces justificatives N° 5 la description de cet état de choses affligeant. Déjà cependant, en 1742, Mgr de Crussol avait réuni « les revenus de 16 chapelles à la manse commune du chapitre », et ordonné « que lesdits revenus seront mis dans la grande bourse et seront affectés aux distributions journalières pour être partagés entre les chanoines et vicaires présents au service divin..., les distributions des absents étant mises en réserves pour les nécessités de l'église et du chapitre (1). » Or l'union du bénéfice abbatial de la Trinité devait lui rendre son antique splendeur.

Il ne sera pas sans intérêt, je crois, de donner ici les noms des derniers dignitaires de l'église collégiale à

____

(1) Cf. Pièces justificatives, N° 1.

l'époque de la Révolution de 1790, et qui par suite ont assisté à ces événements ; ce sont MM.

Pierre DE LISSÈCHE, doyen, âgé de 81 ans (1).

Michel CHAPONEL, chantre, 77 ans.

René BOUVIER, sous-chantre et syndic (2), 66 ans.

Jean-Baptiste-François LIGER DE LA TOUR, trésorier, 31 ans.

Guillaume-Nicolas BEAUSSIER, chanoine et chancelier du chapitre, 47 ans.

Sébastien BOUTAULT DE RUSSY, chanoine ancien, 80 ans passés.

Louis MARQUET, chanoine ancien, 67 ans.

Antoine COURTIN, chanoine ancien, 64 ans.

Dominique-Louis JABRE DU PLESSIS, chanoine ancien, 39 ans passés.

Claude-Robert MORILLON, chanoine ancien, 67 ans.

Louis-Joseph MOYNERIE, chanoine hebdomadier et chanoine ancien, receveur du chapitre, 76 ans.

Marien SAUMERS ou SOMMERS, prêtre américain, chanoine ancien, 45 ans.

Jules-Henri-Gilles-Hyacinthe PINEL (3), chanoine hebdomadier et chanoine ancien, 46 ans.

Jean-Baptiste CRETTE, chanoine hebdomadier, 72 ans.

Matthieu-Guillaume GUERRIER, chanoine hebdomadier et secrétaire, 50 ans.

Jean-Baptiste-Marie GUGELOT, maistre de psallette et chanoine hebdomadier, 39 ans.

(1) Titulaire du prieuré de Saint-Marc.

(2) Supérieur des Dames religieuses Ursulines en 1788.

(3) Titulaire de la chapelle de Fosse-Poudrière, paroisse de Lavardin.

Nicolas-Philippe-Pierre Rouzet, chanoine hebdomadier, 66 ans.

Louis-Antoine Baudichon, chanoine hebdomadier, 42 ans (1).

Hyacinthe-Guillaume Chbron, vicaire, 53 ans.

Pierre-Quantin Bidault, vicaire, 48 ans, paralytique et impotent.

François Gallopin, vicaire 31 ans.

Vacants : l'emploi de prévost, un canonicat, un canonicat ancien et un vicariat (2).

III. — Etat sommaire

de l'Abbaye de la Sainte-Trinité.

L'abbaye de la Sainte-Trinité, tombée en commende depuis 1540, en avait nécessairement ressenti les fâcheuses conséquences. Nous ne dirons rien de ce funeste régime; assez souvent on a démontré et ses minces avantages et ses nombreux abus.

(1) Un autre Baudichon (Louis-Antoine), procureur-économe de la maison de l'Oratoire, fut nommé notable de la ville en 1790, et officier municipal l'année suivante.

(2) Il y avait cinq enfants de chœur :
Sébastien Pardessus, 16 ans.
René-Joseph Esnault, 9 ans 1/2.
Louis-Jacques Trumeau, 8 ans.
Blaise-Nicolas Augis, 10 ans.
Louis-Loup Doré, 8 ans.
Deux chantres gagés: Michel Bouzi et Jean-Baptiste Bellanger.
Deux clercs sacristes, un bedeau et porte-masse du chapitre : Gérard Cormier.
(Extrait des Archives départementales. — Inventaire des maisons religieuses en 1790.)

Un mémoire d'un religieux bénédictin (1) nous représente ces funestes effets sous des traits trop frappants pour qu'il soit même utile de s'y appesantir ici plus longtemps. Les revenus diminuaient avec la régularité; le nouveau bâtiment, construit dans des proportions si imposantes (2), ne contenait plus que quelques moines: François Perrenet, prieur; — François Busseret, procureur ou célerier; — Jean-Marin-Désiré Péan; — François-Galien Dubois; — Jean-Charles Ducastel, sous-prieur; — Henri-Jean Pommier; — François-Xavier Nicot; — Louis-François Diraz, prestres, tous religieux profès de ladite maison. En tout 8 religieux (3).

(1) Pièces Justificatives, N° 4.

(2) Un état de revenus de l'abbaye de 1757 nous apprend que « le monastère avait emprunté, à l'occasion des nouveaux bâtiments, 129,751 livres. »

(3) Cette décadence de l'abbaye remontait assez loin, comme on en peut juger par une liste des religieux de 1754. Nul n'en sera surpris; car ce fait est pleinement éclairci et par l'énoncé des causes qui précèdent, et aussi par l'esprit général du XVIII° siècle, le plus stérile au point de vue de la vie religieuse.

Nous avons trouvé cette dernière liste à la première page du *Voyage littéraire* par D. Martène et D. Durand, qui faisait avant la Révolution partie de la bibliothèque du monastère de la Trinité, et qui appartient aujourd'hui à celle de la ville:

« Anno millesimo septingentesimo quinquagesimo quarto, die primâ Augusti (1er août 1754), Sancto Petro advincula dedicata, hæc scripsi ego frater Jacobus Josephus *Villecielle*, ex urbe natus burgundiensi qui professionem emisi die maij decima sexta his patribus et fratribus novitiis presentibus reverendo patre priore *Archambauld*, patre *Barbier* subpriore, domno Joanne *Lée*, domno *Cleret* celerario, domno *Jacobo de Trémaul*, sacristino, domno patre *Bucheron* dispensatore monasterij, domno patre *Bousy* subcellerario, domno *Leroy* zelatore santi carilephi, domno *Moreaux* secretario, domno *Filiol* zelatore, et coram fratribus *Bodineau, Julliot, Deranger, Lecomte, Dufond, Champagne, Perrenet, Garlon, Thevenot, Bravet,* novitiis professionem coram patre ut supra subpriore emisi. »

11 religieux profès et 10 novices.

Ils avaient alors comme abbé commendataire l'évêque
de Soissons, Mgr Henri-Joseph-Claude de Bourdeilles.
Son nom est à peine cité dans l'histoire de Vendôme ;
nous donnons à la fin de ce travail une notice biogra-
phique sommaire, que nous avons puisée en substance
dans la *France pontificale* de M. Fisquet (1), et dans
quelques renseignements précieux communiqués avec
bienveillance par M. l'abbé Pécheur, curé de Crouy,
près Soissons, auteur des annales de ce diocèse.

IV. — PROJET D'UNION.

Monseigneur de Thémines, alors évêque de Blois,
attristé de ce déplorable état de choses, ému d'ailleurs
des besoins pressants de son diocèse, crut nécessaire
de détruire d'un côté pour conserver de l'autre. Il ré-
solut donc d'obtenir du pouvoir temporel et de la puis-
sance spirituelle l'extinction du titre abbatial de la Trinité, pour en unir les revenus soit au chapitre de son
église cathédrale, soit à son séminaire. Il adressa
une requête à Monsieur, frère du roi, qui en avait
la nomination, pour obtenir son consentement. Les
motifs ne manquaient pas : la modicité des revenus du
chapitre épiscopal, la nécessité d'augmenter les places
gratuites au séminaire, etc. (2). L'évêque de Séez, du
Conseil de Monsieur, fut intéressé à ce projet.

A cette nouvelle, les chanoines de Saint-Georges se
réveillent, et réclament pour eux cette riche proie. Les
domaines du titre abbatial de la Trinité étaient estimés
la somme de 20,000 livres de rente, de quoi rendre suffisant le revenu des vingt-six bénéfices fondés à la
collégiale. L'abbé Pinel, chancelier du chapitre, est
chargé de la requête. C'est un homme habile. Il met le

(1) Page 98, N° 89.
(2) Voir Pièces justificatives, N° 5.

prince lui-même en cause. Il y va de la vie ou de la mort d'une œuvre créée par ses ancêtres, destinée à perpétuer leur gloire, et dont la splendeur rejaillit sur lui-même. Bien plus, ses intérêts personnels y sont engagés. L'abbaye de la Trinité, qui est de son apanage, sera soustraite à son pouvoir si le projet de l'évêque de Blois l'emporte; mais, au contraire, s'il favorise son chapitre, tous les bénéfices qui en dépendent restent à sa nomination ou à celle du roi ; il y trouve donc un avantage précieux. De plus, la consommation des revenus sera concentrée à Vendôme, et sera pour elle une cause de prospérité. Enfin, les dignités de la collégiale, presque triplées de valeur, deviendront des bénéfices intéressants et dignes d'être desservis par des ecclésiastiques qui auront mérité son choix. D'ailleurs l'évêque de Blois saura bien pourvoir aux besoins de sa cathédrale et de son séminaire par l'union de plusieurs autres bénéfices (1).

Ces raisons, on le voit, étaient bien faites pour frapper l'esprit de celui qui devait être Louis XVIII. La question est donc portée au Conseil du prince. Le sieur Gerbier, chargé de faire le rapport, examine avec soin les raisons des deux parties, et, sur sa conclusion, Monsieur donne son brevet de consentement en faveur de la collégiale, le 16 avril 1780 (2).

Le premier pas était fait. Après la mort du titulaire actuel, Mgr de Bourdeilles, l'abbaye devait donc être unie à la collégiale.

Mais les victimes ne se laissèrent pas dépouiller sans protester. Un religieux bénédictin écrit un mémoire fort remarquable, à part quelques erreurs historiques, par des vues élevées sur l'utilité des ordres religieux, par le jugement le plus droit sur la commende et les unions trop fréquentes de bénéfices religieux qui

(1) Pièces justificatives, N° 5.
(2) Pièces justificatives, N° 6.

entraînent infailliblement leur destruction (1). C'est un projet funeste, contraire aux principes canoniques, qui met les religieux dans l'impossibilité de vivre ; l'abbaye est dès lors anéantie, et les pieuses intentions des illustres fondateurs injurieusement frustrées. Enfin, chaque année, les religieux distribuent de nombreuses aumônes en nature et en espèces aux pauvres de la ville, qui en seront désormais privés, etc. Si ce rapport ne fut pas écouté, du moins cette dernière raison, que la modestie des religieux aurait voulu « couvrir d'un voile impénétrable, » n'a pas laissé que de produire son effet. Elle inspira au prince la 5ᵉ clause de son brevet, imposant au chapitre des rentes considérables de blé à l'Hôtel-Dieu, aux pauvres de la ville et des environs.

A la nouvelle de cette décision favorable, les habitants de Vendôme, convoqués en assemblée générale le 18 juin 1780, votent des remercîments au prince pour le bienfait dont cette ville lui est redevable. En même temps, ils protestent contre un nouveau projet de l'évêque de Blois (2). Le prélat, en effet, avait demandé la révocation du brevet, pour faire appliquer à son chapitre et à son séminaire, ou partager au moins entre eux et le chapitre de Vendôme, les revenus de la manse abbatiale. L'évêque eut sans doute connaissance de cette protestation, et, pour appuyer sa requête, fit de nouvelles démarches, qui ne furent pas non plus ignorées à Vendôme. Car, huit jours après, tous les corps d'état sont de nouveau réunis par l'autorité municipale. L'émotion était grande : le prélat ne se bornait plus à ses premières prétentions ; il sollicitait maintenant l'union même de la collégiale à son chapitre. On nomme, séance tenante, quatre députés pour s'opposer à ce projet : M. de Trémault, maire, Godineau, procureur

(1) Pièces justificatives, Nᵒ 4.
(2) Pièces justificatives, Nᵒˢ 8 et 9.

du roi, l'abbé Pinel, chancelier de la collégiale de Vendôme, et de Pérignat, chevalier de Saint-Louis. La crainte fut si vive, que l'on demandait la consommation de l'union, en passant à pieds joints sur toutes les procédures canoniques.

L'abbé Pinel fait une nouvelle requête, adressée cette fois au roi lui-même; il réédite les mêmes raisons qu'il avait déjà exposées, cite longuement le rapport de M. Gerbier, s'indigne contre le procédé peu respectueux de l'évêque envers les cendres des princes. Il veut les enlever, dit-il, du temple élevé par eux au Seigneur, et où ils ont fondé l'éternel hommage de louange et d'adoration qu'on y rend en leur nom, pour les transporter dans une église étrangère (1).

Quelle conduite tenait dans cette grave question l'abbé titulaire? Aucune pièce ne vient nous la faire connaître d'une façon positive; mais on peut le présumer. Et, en effet, on semble avoir voulu suivre dans cette affaire toutes les règles canoniques. L'évêque avait été entendu, et, après le consentement du roi, on devait obtenir un bref du souverain Pontife. Il était donc urgent d'obtenir l'adhésion du titulaire actuel. D'ailleurs, comment Mgr de Bourdeilles s'y serait-il opposé? N'avait-il pas lui-même réuni à son évêché le couvent des Célestins de Soissons? Nous sommes donc porté à croire que Mgr de Bourdeilles prêta la main à cette œuvre; c'est aussi l'avis de M. l'abbé Pécheur : « Il ne serait pas étonnant pour moi, nous écrit-il, qu'il ait consenti à l'annexion dont vous parlez. » Or ce jugement a d'autant plus de force, que l'auteur a pu étudier de près, dans les pièces originales, le caractère, la tendance d'esprit du dernier abbé de la Trinité.

Les choses en étant là, le roi de France devait, d'après les concordats, donner son consentement ; mais son brevet ne fut accordé que six ans plus tard. C'est

____

(1) Pièces justificatives, N° 10.

dire en un seul mot combien la discussion dut être vive. Malheureusement les pièces nous font complètement défaut. Le décret même du roi n'a pu être retrouvé ni aux archives ni à la bibliothèque nationale. Nous en avons cependant retrouvé le titré, qui n'est pas sans éloquence : « Brevet du roy du 20 août 1786 « qui *authorise* l'extinction et suppression du titre de « l'abbaye et réunion d'icelle *pour moitié* à la ditte « église du chapitre (1). »

Avant d'aller plus loin, nous ferons remarquer cette expression *authorise.*

Monsieur frère du roi, duc d'Anjou, avait *accordé son consentement.* Il ne pouvait effectuer la réunion ; mais, *en vertu de son droit d'apanage,* il devait être consulté, et son avis favorable était requis.

Le roi de France lui-même n'a point le pouvoir en dernier ressort; il ne décrète pas l'union, il l'*authorise.* On voit de suite combien on a suivi scrupuleusement toutes les prescriptions du droit canonique.

Le titre du brevet du roi, tel qu'il nous est conservé, nous montre la nouvelle tournure de la question pendant ces six années. L'évêque de Blois avait donc fini par prévaloir en partie, et la moitié seulement de la manse abbatiale revint au chapitre. L'autre moitié reçut une destination conforme aux désirs du prélat.

Il ne restait plus qu'à obtenir la bulle du Pape. Elle fut donnée à Rome le 14 des calendes de juillet 1789. Cette pièce aussi était conservée dans les archives de la collégiale avec la précédente. Elle nous est indiquée sous ce titre : « Bulle du pape Pie VI confirmative de la « réunion cy-dessus ayant en tête le brevet du roy pa- « reillement imprimé. Donné à Rome le 14 des calendes « de juillet 1789 (2). »

____

(1) Inventaire de la collégiale en 1790.

(2) On s'étonnera peut-être que l'on n'ait pu retrouver nulle part ces deux dernières pièces, du moment surtout qu'elles ont

Tout était donc fini; l'autorité souveraine du Pontife s'était prononcée. Que serait devenue notre abbaye sous ce nouveau régime? Mais pourquoi cette question? Les quelques religieux qui l'habitaient encore, surpris par une révolution sans précédent, quittèrent pour jamais leurs grandes salles, qui devinrent en 1790 le siège de l'administration du district de Vendôme, et cédèrent leurs cellules aux victimes de la Terreur de 1793.

été imprimées. Voici la réponse que des personnes autorisées m'ont donnée sur ce point : « Dans toute affaire un peu importante, on avait coutu... aux XVIIe et XVIIIe siècles, d'imprimer les pièces principales de la procédure, les contrats de vente, les comptes de liquidation, etc., mais ces pièces, imprimées à un petit nombre d'exemplaires, distribuées seulement aux parties, n'entraient pas dans les dépôts publics. » La brochure que nous avons devait probablement les contenir. Elle n'a point de titre général, et chaque pièce a sa pagination particulière. Mais que nous réserve l'avenir ? D'autres auront peut-être la main plus heureuse que nous.

Henri-Joseph-Claude de BOURDEILLES

Evêque de Soissons,

44ᵉ et dernier abbé de la Trinité

(1753-1791).

—

Le futur abbé était le deuxième fils de Henri de Bourdeilles, chevalier, comte de Mastas, et de Marie-Suzanne Prevost de Sansac. Il naquit le 7 décembre 1720 au château de Saveilles, paroisse de Saizay-Naudoin, diocèse de Saintes. Sa famille était illustre, et comptait parmi ses membres plusieurs évêques, entre autres ce fameux Bourdeilles connu sous le nom de Brantôme, du nom de l'abbaye qu'il possédait.

Selon l'usage fréquent de cette époque, il avait reçu la tonsure dès l'âge de dix ans, le 26 juin 1730, ce qui ne l'empêcha point de s'engager dans la carrière des armes et de servir quelque temps dans les mousquetaires. Mais il quitta bientôt l'épée, et, en avril 1753, il était nommé abbé commendataire de la Trinité de Vendôme, vacante par la mort de Mgr de Rastignac, archevêque de Tours. Il était vicaire général de Mgr Pacheco de Prémeaux, évêque de Périgueux, quand il fut désigné par Louis XV comme évêque de Tulle le 21 mai 1762, et fut préconisé comme tel dans le consistoire du 22 novembre et sacré à Paris le 12 décembre suivant.

Dès le mois d'août 1764, il fut transféré au siège de Soissons, dont il prit possession le 17 février 1765. Sa cathédrale fut bientôt l'objet de ses soins les plus assidus. Grilles magnifiques, autels de marbre, jubé, boiseries dans le chœur et autres embellissements que la Révolution a fait disparaître, furent ses œuvres.

Il fonde divers établissements de charité à Soissons, en particulier celui des Frères des Ecoles chrétiennes.

Nommé, le 1ᵉʳ novembre 1768, abbé commendataire de Ribemont (Aisne, arrondissement de Saint-Quentin), il donne sa démission, et reçoit en retour la belle abbaye de Saint-Jean des Vignes en son diocèse, le 14 juin 1778. Le 13 août de la même année, il sacre dans sa cathédrale un de ses grands vicaires, Elleon de Castellane, nommé évêque de Toulon.

Sa conduite pendant la Révolution fut digne de tout éloge. Le 15 juillet 1790, il refuse le serment à la constitution civile du clergé. Ses lettres pastorales et ses ordonnances de cette époque sont très remarquables. On cite souvent l' « Ordonnance de Monseigneur l'évêque de Soissons portant diverses dispositions pour prévenir le schisme qui menace l'Eglise et le diocèse de Soissons. »

N'étant plus en sûreté dans sa ville épiscopale, il la quitte le 28 février 1791, poursuivi par la populace ameutée, qui lance des pierres contre sa voiture, et se retire à Bruxelles, puis en Hollande, et enfin à Granolf, abbaye près Munster.

Au Concordat, il donne sa démission au souverain Pontife, et revient à Paris en 1802, où il mourut le 12 décembre de la même année et fut inhumé dans le cimetière de Vaugirard.

Ses armoiries sont : d'or à deux pattes de griffon de gueules onglées d'azur et posées en contrebande.

Ce prélat a-t-il visité son abbaye de la Trinité? Il serait peut-être téméraire de le nier ; cependant aucun document positif ne peut nous en donner le moindre indice ; une fois il alla revoir Saveilles, lieu de sa naissance ; passa-t-il par Vendôme? Du moins son séjour n'a-t-il laissé aucune trace.

Cet abandon presque complet des bénéfices par leurs titulaires nous fait apparaître la commende sous un de ses côtés les plus fâcheux.

PIÈCES JUSTIFICATIVES

N° I

*DÉCRET de Mgr de Crussol, évêque de Blois, pour l'extinction
et union de 16 chapelles de la collégiale Saint-Georges
(1742).*

François de Crussol d'Uzès, par la grâce de Dieu et autho-
rité du St Siège apostolique évêque de Blois. Vu la requête à
nous présentée par le doyen, chanoines et chapitre de l'église
royalle et collégiale de St-Georges de Vendôme tendant à ce
qu'il nous plut confirmer de nouveau en tant que besoin seroit
le décret de Mgr l'évêque de Chartres du 25 septembre 1668
portant extinction de 16 chapelles, réunion du titre d'icelles à
la mense commune et réunion des anniversaires aux clauses
contenues dans le dit décret.... Vu l'acte donné par Mgr le cardinal de Vendôme.... portant consentement à la suppresssion
et réunion des dites 16 chapelles et à la réduction des anniversaires, donné à Paris le dernier juin ce dit an 1668 signé le
cardinal d'Auvergne, contresigné J. Monier et scellé... *Eteint*
et supprime pour jamais les titres des 16 chapelles dont il s'agit
fondées en la dite église collegiale de St-Georges de Vendôme
vacantes et à vaquer sc. la chapelle du crucifix, celle de la
conception et N.-D. de la Nativité, de l'annonciation, de la pu-
rification, de l'assomption, de St-Michel, première et seconde
portion de St-Jean-Baptiste, première et seconde portion de St-
Pierre, de St-Jean l'évangéliste, de St-Nicolas, de St-Yves et
de Ste-Marie Magdeleine, en sorte que vacation d'ycelles arrivant par mort ou autrement elles ne puissent à l'avenir être
conférées sous quelque prétexte que ce puisse être. *Unit* pour
l'avenir les revenus des dites chapelles supprimées, tant en

gros qu'en distribution aux chanoines anciens et hebdomadaires et vicaires ; *ordonne* qu'à cet effet les dits revenus seront mis dans la grande bourse et seront affectés aux distributions journalières pour être partagés entre les chanoines et vicaires présents au service divin ainsi qu'on a de coutume de partager la dite grande bourse, en sorte que le doyen et chantre y prennent chacun double portion ; que les chapelains qui survivront et resteront jusqu'au dernier partageront également, ce qui accroitra les dites distributions par l'union des dites chapelles supprimées ; que les dits chanoines, vicaires et chapelains survivants seront tenus de faire et acquitter tous les services dont les dites chapelles étoient chargées .. et afin de procurer aux vicaires une honnête subsistance et les exciter à se rendre assidus au service divin *Ordonne* qu'ils diront par préférence à tous les prestres de la ditte église, la messe quotidienne fondée par le prince Jean de Bourbon comte de la Marche, celle de Prime pour les défunts et celles des chapelles supprimées... pour la rétribution de chacune desquelles messes sera payé au dit vicaire la somme de dix sols.... *Ordonne* en outre..... que les distributions des absents seront mises en réserve pour les nécessités de l'Eglise et du chapitre....

Réduit les anniversaires fondez par les princes et seigneurs de Vendôme en la manière suivante :

Les quatre anniversaires fondez par Anne de Bourbon duchesse de Bavière à un seul qui sera célébré aux quatre temps de carême.

Les quatre fondez par Louis de Bourbon pour Blanche de Roussy sa première femme, à un qui sera célébré le 23 août jour du décès de la dite de Roussy.

Les quatre fondez par le dit Louis de Bourbon, à deux : le premier desquels se célebrera à l'intention du dit Louis le 22.... Le second se célebrera le 19 novembre à l'intention du dit Louis et ses deux femmes.

Les quatre fondez par Jeanne de Laval femme en secondes noces de Louis de Bourbon, à un seul qui se célébrera le 12 décembre jour de son décés.

Les quatre fondez par Jean de Bourbon pour lui et pour Isabelle de Beauveau son épouse, à deux : le premier desquels se célébrera à l'intention du dit Jean de Bourbon le 5 janvier jour de son décès, et le deuxième, le 23 septembre, jour du décès de Ysabelle....

Donné à Madon, sous notre sceau et contreseing de notre secrétaire l'an mil sept cent quarante deux le deuxieme jour de juillet.

† Fr. Epus blesensis.

Par Monseigneur,

Baron.

N° II.

REQUÊTE de Monseigneur de Thémines, évêque de Blois, pour obtenir l'union de la manse abbatiale de la Trinité à son chapitre et à son séminaire.

(Perdue, mais résumée dans le rapport du sieur Gerbier. Voir le N° V.)

N° III.

CONTRE-REQUÊTE de M. Pinel, chancelier du chapitre, contre le projet de l'évêque de Blois, et pour obtenir ladite union en faveur du chapitre.

(Perdue, mais résumée dans le rapport du sieur Gerbier. Voir le N° V.)

N° IV.

MÉMOIRE sur le projet de réunion de la manse abbatiale de l'abbaye de Vendôme : Réunion à tout autre bénéfice séculier qui entraîne nécessairement l'extinction du total.

L'abbaye de Vendôme diocèse de Blois Généralité d'Orléans fut fondée par Geoffroi Martel Duc d'Anjou et par Agnès Comtesse de Nevers et de Bourgogne. La chartre est de l'an 1033....

Si l'Eglise a vu ces établissements avec complaisance nourrir l'esprit de Religion, servir de rempart à l'Impiété, porter le

flambeau dans l'obscurité des antiquités, l'Etat, d'un autre côté
y a également apperçu beaucoup d'utilité par les défriche-
ments si nécessaires dans ces tems là, par la multiplicité d'ha-
bitations comme fermes qui, en multipliant les bras, fournis-
soient aux provinces les denrées précieuses de vin et de grains
qui font aujourd'hui leurs richesses.

L'abbaye de Vendôme, chef d'ordre et ses dépendances,
jouissoient de ces avantages plus fructueuses au Public qu'à
eux mêmes, lors de la commande.

Tout ici change : à un chef commun régulier, on substitue
un commendataire, alors partage des biens, non seulement
dans les revenus ordinaires des deux tiers pour l'abbé, dont
un pour les réparations qui ne se font point et un qui devient
insufisant aux Religieux.

Une dispersion bien plus considérable en devient encore la
suitte. Il est question des Prieurés.

Les commendataires eurent la faculté de présenter ces bénéfices réguliers à des séculiers : ils n'oublièrent ni leurs parents
ni leurs protégés, perte réelle tant pour l'abbé que pour les
Religieux : on dira même pour une partie prétieuse de la Société nommée cultivateur.

Les baux, à la mort du titulaire, se trouvent résolus. Le cultivateur, dans la main des Réguliers, avoit eû une perspective
de longues jouissances, n'avoit rien épargné pour cultiver le
terrain ancien. Le titulaire régulier meurt, l'abbé, en vertu de
la commande, en nomme un séculier. Tout est perdu ponr ce
cultivateur et sa première famille, il faut qu'il abandonne tout
le fruit de ses travaux, ou qu'il se ruine par de nouveaux pots
de vin dont les suittes sont toujours menaçantes et les effets
également pernicieux : source intarissable de la ruine de fa-
milles entières, de découragement dans le cultivateur qui ne tra-
vaille plus que dans la crainte d'être dépossédé, et enfin de di-
sette dans les fruits de première nécessité.

Il faut rendre justice à plusieurs commendataires, on put
compter dans ce nombre saint Arnould évêque de Gap. La ré-
compense accordée à ses vertus fait son éloge. Sa mémoire ne
s'effacera jamais.

La réforme dans le chef Lieu fut établie en six cent vingt
un (1), à l'effet de tendre à une plus haute perfection. Du chef

(1) 1621. V. l'abbé Simon, t. II, p. 377.

lieu, elle s'étendit bientôt dans les autres Monastères de sa dépendance.

Les Religieux de la Congrégation de Saint Maur, s'occupèrent dans ces maisons, comme dans toutes les autres, de la tradition, de l'histoire des provinces, ils entreprirent la traduction des Pères de l'Eglise, tous ces travaux n'interrompirent point le doux commerce avec la Divinité par des prières de jour, comme de nuit.

Mais le gouvernement régulier changé en commandataire, diminua necessairement les secours accordés aux indigents. Cette diminution arrêta le cours bienfaisant des aumônes tant publiques que sécrettes. Les Prieurs et Religieux actuels ne craignent cependant aucuns reproches à cet égard, ils répandent encore chaque année cent vingt un septiers de grains, sans compter les aumônes en argent tant publiques que sécrettes (1). Ce n'est pas sans motif que les Prieurs et Religieux entrent dans un détail forcé que leur vertu couvriroit d'un voile impénétrable, si un nouveau sistème ne menaçoit cette abbaye, ainsi que toutes ses dépendances.

On repend dans le public Le projet destructif de réunir la manse abbatiale à quelqu'autre Bénéfice comme Evêché, séminaire &c. contre le principe canonique *Regularia regularibus*. Une pareille réunion emporte nécessairement la perte de tous les prieurés. Sous la commande, Messieurs les abbés en accordent quelques uns aux Religieux. Les titulaires seculiers en resignent quelquefois. Enfin, on en obtient par des grades. Voila aumeins des espérances de ramener ce titre au droit commun....

La réunion de la Manse abbatiale faite, il n'y a plus de prévention en cour de Rome, plus de résignation, plus de gradués sur ces mêmes bénéfices, parce que la nomination et presentation appartient pour lors au Roi. C'est anéantir dans les cloitres l'amour pour l'Etude, zele qui les a rendus si utiles à l'Eglise et recommandables à l'Etat. L'abbaye de Vendôme per-

---

(1) « Pour les aumônes générales et particuliéres, tant aux Cordeliers qu'aux Capucins que pauvres de la ville et des environs qui viennent en nombre prodigieux tous les lundis depuis le 1ᵉʳ janvier jusqu'au lundi de la semaine sainte inclusivement, le jeudy saint et autres jours fixés dans l'année, 1400 livres. »

(Extrait d'un état des charges de l'abbaye en 1757.)

çoit actuellement en prestation sur chaque prieuré, jouissance en total de quelques uns, à peu près six mille livres. Malgré cette somme, comme cette maison a toujours eû un Noviciat dispendieux, le corps lui fournit un subside de trois mille livres.

Si la réunion se fait de la Manse abbatiale sans au préalable ou concommittement faire celle de ses bénéfices simples à La Manse conventuelle, impossible d'entretenir un certain nombre de Religieux ; d'y maintenir le Noviciat, tous ses revenus étant passés dans des mains étrangères....

Cette Réunion une fois faite, si ies prieurés ne sont réunis à La Manse conventuelle, c'est une Abbaye annéantie 1° par l'application sans retour de l'abbatiale ; 2° par l'insuffisance prouvée du Revenu de la Conventuelle, sans la réunion des prieurés.

Quelle triste réflexion ne presente pas une pareille destruction sur les pieuses intentions des Illustres fondateurs qui se sont dépouillés de leur patrimoine en faveur des abbés, Prieurs et Religieux de Vendôme et non d'autres. La disposition leur en appartenoit, la destination est constante, peut-on la changer au mépris du respect qui leur est dû ?

Plus de ressource pour Vendôme du côté de la Congrégation. Depuis soixante quatre, elle a perdu six abbayes et cinquante prieurés, malgré cette diminution excessive dans ses revenus, la Congrégation, toujours animée pour le bien public, s'est chargée de l'éducation honorable mais dispendieuse des Ecoles militaires. Elle auroit actuellement plus besoin de secours qu'elle n'est en état d'en accorder, ce n'est donc pas sans raison qu'on annonce l'anéantissement de l'abbaye en opérant la réunion de Sa Manse à quelqu'autre bénéfice.

N° V.

RAPPORT de M. Gerbier au conseil de Monsieur Frère du roi, Monsieur y étant, du projet d'union de l'abbaye de Vendôme à la cathédrale de Blois, et de celui du chancelier de l'Eglise Royalle de Vendôme à cette dernière Eglise (1).

(1) Imprimé en 1780. — Ce rapport se retrouve dans le « Re-

CONSEIL TENU A VERSAILLES MONSEIGNEUR PRÉSENT.
Du 18 mars 1780.

.... M. Gerbier a dit ensuite :

M' l'évêque de Blois a formé le projet d'unir au chapitre de son Eglise cathédrale et à son séminaire, l'abbaye de la Sainte Trinité de Vendôme, qui est à la nomination de Monsieur, et dont les domaines considérables, donnés par les anciens ducs de Vendôme produisent environ 20,000 livres de rente.

Les motifs de ce Prélat sont dignes de l'esprit de zèle et de l'amour du bien public dont il est toujours animé.

Les canonicats de son église cathédrale ne valent que 17 à 1800 livres. C'est un revenu peu considérable pour les premiers bénéfices de son diocèse, il porteroit ce revenu à cent louis environ au moyen de la réunion, et il faut convenir qu'il seroit bien plus utile à l'Eglise de donner à vingt ecclésiastiques, oc- cupés à desservir une église cathédrale, les moyens de subsister honorablement, que de conserver 20,000 livres de rente sur la tête d'un seul homme dont toutes les fonctions se réduisent à dire son bréviaire.

Le second objet de M' l'évêque de Blois n'est pas moins in- téressant. Il a déjà fondé douze places gratuites dans son sémi- naire. Il désire d'en augmenter le nombre ; c'est une ressource qu'il voudroit procurer aux enfants pauvres de son diocèse.

L'abbé Pinel, chancelier et chanoine de l'Eglise de Vendôme, n'a pas été plus tôt instruit de ce projet qu'il en a formé de son côté un autre, dont il a fait part à M' l'évêque de Séez, et qu'il a même pris la liberté de mettre sous les yeux de Mon- sieur ; ce projet est de réunir l'Abbaye de la Sainte Trinité à l'Eglise même de Vendôme et de relever par une augmentation suffisante de revenu 26 bénéfices fondés dans cette église par les ducs de Vendôme; et dont le revenu est si médiocre que la plupart des chanoines, qui n'ont que leur canonicat pour vivre, sont obligés d'aller desservir d'autres églises pour ne pas man- quer du nécessaire.

J'ai eu l'honneur de conférer avec M' l'évêque de Séez de cette demande formée par le sieur abbé Pinel.

gistre des délibérations du Conseil du Monsieur, frère du roi. » — Archives nationales, 16211, tome III. Nous avons suivi de préférence ce manuscrit pour quelques variantes dans le texte.

Ce Prélat a paru et touché et convaincu de la justice des motifs dont est appuyé ce nouveau projet, mais il ne m'a pas dissimulé qu'ignorant et les besoins et les droits du chapitre de Vendôme, il avoit déjà sollicité l'agrément de Monseigneur pour le projet d'union formé par M. l'évêque de Blois, mais cet agrément n'ayant eu aucune forme juridique, et les choses étant encore entières, M. l'évêque de Séez a pensé que c'étoit à Monseigneur à peser dans sa sagesse les considérations sur lesquelles est fondée la demande de l'abbé Pinel, et il m'a ajouté qu'il ne doutoit pas que d'après ces considérations, Monseigneur ne se déterminât à accueillir favorablement ce nouveau projet d'union (sinon en totalité au moins en plus grande partie) (1).

OBSERVATIONS.

Quelqu'utile que puisse être le projet d'union formé par Mr l'évêque de Blois, il est impossible de se dissimuler qu'il ne pourroit l'exécuter sans priver Monseigneur d'une nomination importante.

Il causeroit encore un préjudice réel à l'une des principales villes de son apanage.

Il porteroit dans une ville étrangère à l'appanage des revenus considérables et la ville de Vendôme seroit à jamais privée du bénéfice de la consommation qui doit s'en faire dans son sein. Ces inconvénients méritent déjà quelque considération.

Mais la supplique que présente à Monseigneur pour son chapitre le chancelier de l'Eglise de Vendôme, présente des motifs plus touchants encore et bien dignes d'intéresser à la fois et la piété et la bienfaisance de Monsieur. Il représente que le chapitre de Vendôme, fondé par les Princes augustes de la maison Royale, que cette église où reposent les restes de Jean de Bourbon et de toute sa race jusqu'à Henri IV, est devenue, par le malheur des temps et par son attachement sans bornes à ses augustes bienfaiteurs, la plus pauvre des Eglises du Royaume.

En effet, cette Eglise est composée de 6 dignitaires, de vingt chanoines, 4 vicaires, 5 enfants de chœur et 2 sacristains. Les 20 canonicats, fondés à deux époques différentes, valent, les uns à peu près 600, et les autres de 4 à 500 livres. Trois des digni-

---

(1) Les mots placés entre parenthèses ne se trouvent pas dans l'imprimé.

laires ont, à peu près, le double de Revenu ; les trois autres n'ont qu'une pistole de plus que le Revenu ordinaire des canonicats.

Par une suite de cette indigence, cette Eglise se trouve dépourvue de tout ; elle n'a pour ainsi dire ni vases ni ornements. Pour vingt cinq prêtres elle n'a que 4 calices : des chasubles et des chappes d'étamine sont les seuls vêtements qu'elle puisse étaler aux yeux du peuple, lorsqu'il vient unir les accents de son amour aux prières qu'il offre à Dieu pour le salut des Princes qui reposent dans son Enceinte.

La nature de ces fondations, presque toutes faites en rentes à argent, est la cause de la médiocrité de ses revenus ; et quant au dénuement de l'Eglise, il prend sa source dans une circonstance si touchante qu'on ne peut la rappeler sans attendrissement. La piété des Bourbon s'était plu à embellir cette église, à l'enrichir des dons les plus précieux. La mère de Henry expose aux prêtres de sa chapelle les besoins de son fils, qui venoit de perdre Antoine, duc de Vendôme, son père, tué au siège de Rouen. Ils lui livrent aussitôt leurs ornements, leurs vases sacrés, toutes leurs richesses. Ils se seroient donnés eux mêmes pour secourir un héros si digne d'être le Souverain des François. La Reconnaissance que leur donna cette Princesse fait le détail du poids de l'or et de l'argent, qui se trouva monter à plus de 350 marcs, sans compter une quantité considérable de pierres précieuses, dont étoient ornés tous les vases sacrés de cette Eglise (1).

Ce zèle respectable, ce sacrifice si important n'a jamais été récompensé, mais la dette est constante. La reconnaissance

(1) Voir notre Etude sur Jeanne d'Albret et la spoliation de l'église Saint-Georges, p. 52, note. — L'abbé Pinel, dans sa deuxième requête, ajoute « que le détail dans lequel rentre cette princesse ne pouvoit avoir d'autre motif que celui de rendre en nature à l'Eglise de Vendôme, dès que l'état des affaires du jeune prince son fils le lui permettroit, les mêmes choses que ses malheurs et la nécessité l'obligeoient d'en emprunter ; mais elle mourut avant d'en avoir eu le temps, et cette dette, que ce prince, monté sur le trône, oublia, ou qu'il fut dans l'impuissance d'acquitter, est aujourd'hui, Sire, permettez-nous de vous le représenter, la dette du trône et de Votre Majesté. » Nous avons suffisamment réfuté cette erreur et les autres du paragraphe précédent dans le travail que nous venons de citer.

de Jeanne d'Albret est en original dans le trésor de cette Eglise, et ce monument de l'amour du chapitre de Vendôme pour Henri IV, est sans doute un titre puissant à la protection des Augustes héritiers du nom et des vertus de ce prince.

L'Union de l'Abbaye de la Sainte Trinité à ce chapitre lui rendroit une partie de son ancien lustre ; les revenus des prébendes se trouveroient en proportion avec l'augmentation survenue dans toutes les choses nécessaires à la vie, et l'on pourroit consacrer encore à la décoration de l'Eglise et à l'Etablissement des choses indispensables à la célébration du service divin un fonds suffisant sur les revenus de cette Abbaye.

Ces considérations suffiroient peut-être pour faire accueillir par Monseigneur le projet d'union proposé par le Chancelier de son chapitre de Vendôme.

Mais les vues d'un autre ordre me paraissent devoir influer encore sur sa décision.

L'Union de l'Abbaye de la Sainte Trinité fera perdre à Monsieur une nomination importante. Il la perdroit de même par le projet d'union conçu par M' l'évêque de Blois. Mais Monseigneur sera bien mieux dédommagé de cette perte s'il prend le parti d'adopter le projet de l'abbé Pinel.

1° D'abord Monseigneur est le Collateur de tous les Bénéfices du Chapitre de Vendôme. Les canonicats portés par l'Union à 15 ou 1600 livres de Revenu deviendront des bénéfices intéressants, dignes de la nomination de Monsieur, dignes d'être desservis par les Ecclésiastiques qui auront pu mériter son choix ; et l'on ne verra plus les membres de ce chapitre, qui n'existe et n'a été fondé que pour offrir à Dieu des prières pour le sang des Bourbons, contraints d'aller chercher leurs subsistances dans la desserte d'autres Eglises ou de Chapelles particulières.

2° Cette Union produira un autre avantage qui ne sera pas à beaucoup près étranger à Monsieur. Elle concentrera dans Vendôme la consommation des Revenus de l'abbaye de la Sainte Trinité ; et cette ville déjà florissante par l'aisance qui y règne le deviendra encore davantage par cet accroissement de consommation.

3° Enfin, par l'extinction de cette Abbaye, le droit de nomination à tous les bénéfices en dépendant sera dévolu au Roi et à Monseigneur ; à Monseigneur pour les bénéfices situés dans son apanage, et au Roi pour ceux qui sont situés en dehors.

Cet objet de Nomination est très important. Il s'étend à trente bénéfices parmi lesquels il y en a de 9000, de 6000, de 4000 livres ; et de ces 30 bénéfices vingt un rapportant 28,200 livres seront à la nomination de Monsieur, les autres qui resteront à la Nomination du Roi, produisent annuellement 26,200 livres.

La Nomination Royale et celle de Monsieur trouveront donc un avantage considérable à cette Union. Au lieu d'un seul bénéfice, le droit de Nomination Royale s'exercera sur trente, outre les vingt canonicats de Vendôme, qui se trouveront presque triplés de valeur.

L'Utilité, ou la Nécessité, sont les causes requises par les décrets des Conciles pour la validité des unions.

On peut dire ici que ces deux motifs se réunissent. Il est bien plus utile d'assurer une subsistance honnête à 20 Ecclésiastiques occupés à la desserte d'une église, que de conserver à un seul titulaire un bénéfice qui a des ressources considérables et qui n'a aucune fonction. L'Excès des richesses comme celui de l'indigence sont deux scandales presqu'aussi affligeants pour la Religion ; c'est remplir ses vues que d'éteindre des titres inutiles qui ne la servent ni ne l'honorent, pour conserver et maintenir des titres précieux auxquels sont attachés des fonctions importantes.

Voilà sûrement ce que l'amour de Monsieur pour la Religion lui fera considérer avant tout ; mais convaincu que les lois, que le Bien de l'Eglise protégeront cette Union, ce sera encore, nous osons le dire, une véritable satisfaction pour son âme bienfaisante, de pouvoir acquitter en partie la dette du grand Henry, d'être le restaurateur d'un temple où reposent tous ceux de ses aïeux qui n'ont pas eu leur sépulture dans le tombeau des Rois, et d'unir sa protection auguste à celle dont fut honoré ce chapitre pendant quatre siècles par la branche de Bourbon-Vendôme.

J'estime donc que Monseigneur ne peut rien faire de plus digne de sa sagesse, de sa justice, et de plus convenable à ses intérêts, que d'agréer le projet d'union qui lui est présenté par l'abbé Pinel et de l'appuier de toute sa protection.

. L'Union d'une simple portion des revenus de l'abbaye ne rempliroit qu'une partie des besoins du chapitre de Vendôme, et ces revenus partagés entre ce chapitre et celui de Blois ne donneroient à l'un et à l'autre qu'un secours imparfait.

D'ailleurs, M' l'évêque de Blois ne manquera ni de secours, ni de moyens pour unir à son séminaire et à son chapitre quelques bénéfices, au lieu que si on laissoit échapper cette occasion unique, l'Eglise de Vendôme n'en retrouvera jamais une semblable. Elle sera dévouée à jamais à l'indigence dans laquelle elle se trouve, et ses bénéfices diminuant chaque jour de valeur par la cherté des denrées qui va toujours croissant, les choses en viendroient au point qu'il faudroit nécessairement supprimer une portion des prébendes de cette église pour fournir aux autres le nécessaire.

(Monseigneur a prononcé conformément à l'union
qui lui a été proposée.)

N° VI.

COPIE DU BREVET par lequel MONSIEUR *a consenti la suppression du titre de l'Abbaye de la Sainte Trinité de Vendôme, et à l'union des biens et droits qui en dépendent, au Chapitre Royal et Collégial de ladite Ville* (1).

AUJOURD'HUI, seizieme jour du mois d'Avril mil sept cent quatre-vingt, MONSIEUR, LOUIS-STANISLAS-XAVIER, Fils de France, Frere du Roi, Duc d'Anjou, d'Alençon, de Vendôme et de Brumoy, Comte du Maine, du Perche et de Sénonches, MONSIEUR, étant à Versailles, bien informé de la modicité du revenu des Dignitaires, Chanoines et Chapitre de l'Eglise Royale et Collégiale de Vendôme, dans laquelle reposent les cendres de ses augustes Aïeux, jusqu'à l'avénement D'HENRI IV à la Couronne de France ; et voulant mettre ledit Chapitre en

(1) Imprimé avec le N° précédent. — Ces deux pièces avec l'Inventaire de Jeanne d'Albret, forment la brochure que nous avons retrouvée, et seront déposées aux archives de la Trinité.

état de se soutenir et de célébrer avec décence le Service Divin, en vertu de son appanage et des Lettres-Patentes données en conséquence, a accordé son consentement à l'extinction et suppression du titre de l'Abbaye de la Trinité de Vendôme, Ordre de S. Benoît, Diocese de Blois, et à l'application et union de tous les biens et droits qui en dépendent, audit Chapitre Royal et Collégial de ladite Ville : le tout aux charges, clauses et conditions suivantes.

1°. Que lesdites suppression et union n'auront leur effet que vacance arrivant de ladite Abbaye, par décès, cession ou démission du sieur Evêque de Soissons, Titulaire actuel.

2°. Que la libre disposition des Dignités, Prébendes, Canonicats et autres Bénéfices de ladite Eglise, continuera d'appartenir à Monsieur, après lesdites extinction et union, comme auparavant.

3°. Qu'en dédommagement du droit de nommer à ladite Abbaye, la nomination et présentation de tous Prieurés, Chapelles, et généralement de tous Bénéfices dépendants dudit titre Abbatial, autres que les Cures, appartiendront au Roi et à sa Couronne, et que Monsieur aura le droit de presentation à Sa Majesté, sur ceux desdits Bénéfices qui sont situés dans son appanage.

4°. Que toutes les Cures et Vicairies perpétuelles, dépendantes de ladite Manse Abbatiale, seront après lesdites extinction et union, à la libre disposition des Ordinaires des lieux.

5°. Que le Chapitre de ladite Eglise paiera par chacun an à perpétuité, sur les revenus de ladite Abbaye ; sçavoir, quatre-vingt septiers de bled-froment à l'Hôtel-Dieu de ladite ville ; dix autres septiers aux Pauvres de la Paroisse de S. Martin de la dite Ville ; vingt-quatre autres septiers aussi de bled-froment et douze septiers de seigle aux Pauvres de la Paroisse de la Madeleine de la même Ville ; seize autres septiers de bled-froment et huit de seigle aux Pauvres de la Paroisse de Naveil ; dix autres septiers de bled-froment et cinq septiers de seigle aux Pauvres de la Paroisse de Villiers-les-Vendôme ; quatre autres septiers de bled-froment aux Religieux Capucins, et quatre autres aux Cordeliers de ladite Ville : le tout mesure de Vendôme.

Et pour assurance de sa volonté, Monseigneur m'a commandé d'expédier le présent Brevet qu'il a signé de sa main et fait contresigner par moi son Conseiller en tous ses Conseils, Secrétaire de ses Commandements, Maison, Domaines et Finance, et de son Cabinet. *Signé*, LOUIS-STANISLAS-XAVIER. Au-dessous: Par MONSIEUR. *Signé*, MAYOU, *avec grille et paraphe.*

N° VII.

REQUÊTE de l'Évêque de Blois au roi de France, pour obtenir l'annulation du Brevet de Monsieur, et l'union non plus seulement de l'abbaye, mais aussi de la collégiale à sa cathédrale et à son séminaire.

(Perdue.)

N° VIII & IX.

DEUX DÉLIBÉRATIONS de la Municipalité de Vendôme, la première pour remercier le Prince de la faveur qu'il vient de faire à sa ville de Vendôme, la seconde pour s'opposer à la nouvelle requête de l'évêque de Blois, 18 et 25 juin 1780.

I.

Du Dimanche dix-huit juin mil sept cent quatre-vingt, trois heures de relevée, en l'assemblée générale des quatre paroisses...... Mondit sieur de Trémault a dit : Messieurs, Nous venons d'être informés que Monsieur a signé, le seize avril dernier, un brevet portant union du titre de L'abbaye de la Ste-Trinité de cette ville à la manse collégiale du chapitre de l'Eglise du château ; aux conditions, entr'autres, que le chapitre sera tenu de payer annuellement quatre-vingt septiers de bled à l'hôtel dieu de cette ville, etc.

Nous avons appris en même temps que Mr l'evesque de Blois sollicite la revocation de ce brevet, pour faire appliquer à son chapitre et à son séminaire ou partager au moins entr' eux et le chapitre de Vendôme les revenus de la Manse abbatiale.

Les motifs qui servent de fondement à la demande de Mr l'evesque de Blois ont été réfutés avec justesse et succès dans un mémoire que M. l'abbé Pinel chancellier de l'Eglise collegiale de cette ville a présenté à *Monsieur* dont nous avons l'honneur de vous faire donner lecture, ainsy que du rapport qui en a été fait au conseil par Mᵉ Gerbier qui a manifesté singulièrement en cette occasion sa bienveillance pour cette ville, aussy nous ne nous en occuperons point icy, nous nous bornons à vous exposer quil conviendroit d'écrire à Monsieur une lettre de remerciement qui en renfermant les expressions de la reconnaissance que lui doit cette ville, d'un bienfait aussi signalé, le convaincquera combien il importe à sa justice et à sa bonté de maintenir, même d'appuyer de son autorité l'union à laquelle il a donné son vœu ; c'est sur quoy nous vous prions, Messieurs, de délibérer :

La matière mise en délibération lecture faite du mémoire de M. l'abbé Pinel, du rapport fait par M. Gerbier au conseil de Monsieur, il a été arrété à l'unanimité des voix qu'il sera adressé par MMᵉˢ les maire et échevins au nom de tous les corps et communautés de cette ville, une lettre de remerciements à Monsieur, du bienfait dont cette ville lui est redevable ; ou ils sont priés de lui representer que les motifs qui l'ont determiné sont légitimes, qu'ils doivent prévaloir sur toutes instances qui pourroient lui être faites pour changer la destination qu'il lui a plu de fixer, parce que les besoins qu'on peut invoquer pour pretexter ce changement sont certainement moindres que ceux qu'il vient adonnes par ce brevet, et que fussent ils vrais ce n'est point par des secours pris dans une ville étrangère à l'apanage qu'ils doivent être soulagés, mais par ceux que Mᵉ l'évêque de Blois a la facilité de se procurer par l'union de plusieurs bénéfices, qui sont à sa disposition dans la ville de Blois et ses environs.

Qu'enfin un partage affaibliroit tellement l'effet de la grâce du Prince, qu'elle cesseroit de remplir son objet, et deviendroit en quelque sorte illusoire pour tous.

Et expedition de la presente delibération sera jointe à la lettre qui sera addressée à Monsieur.

Dont et de tout ce que dessus avons dressé le present procès verbal, lesdits jour et an (1).

(Suivent les signatures.)

(1) Reg. XIX, fol. 46.

II.

Du Dimanche 25 juin 1780, 3 h. de relevée en l'assemblée generalle des quatre paroisses.... mondit sieur de Trémault a dit : « Messieurs. Nous vous avons convoqué pour vous faire part d'une nouvelle tentative de Mr Levêque de Blois dont il est de la plus grande importance de prévenir les progrès. Ce n'est plus seulement la réunion de l'abbaye de cette ville à l'Eglise cathédrale et au séminaire de Blois que ce prélat sollicite, c'est la suppression même du chapitre de cette ville dont l dimande l'union a sa cathédrale et au seminaire ; et la translation des tombeaux des princes qui reposent dans l'église collegiale.

Nous vous prions, Messieurs, de délibérer pour aviser au moyen d'anéantir un projet de destruction qui seroit si préjudiciable à cette ville, et l'affligeroit vivement ; même faire vers Monsieur une députation a l'effet de l'opposer a cette entreprise par les voies que M^{rs} les deputés jugeront convenables sur les lieux.

La matière mise en déliberation il a été arrêté à la pluralité des voix que Messieurs de Trémault maire, Godineau procureur du roy, l'abbé Pinel chancelier de l'église de Vendôme, et de Perignat chevalier de S. Louis, seront deputés vers Monsieur à l'effet de s'opposer aux suites de l'exécution du projet de suppression du chapitre de cette ville et sa réunion à celui de l'Eglise de Blois, comme aussi de consommer s'il le peut la réunion de l'abbaye de Vendôme au chapitre de l'Eglise collégiale de cette ville, pourquoy ils seront autorisés a employer les moyens qui leur paraitront convenables suivant les circonstances. Fait et arrêté lesdits jours et an. Expedition du présent procès-verbal sera délivré à M^{rs} les députés pour leur servir et valoir ce que de raison.... (1) »

N° X.

ADRESSE de M. l'abbé Pinel au roi, pour s'opposer à la demande de Mgr l'Evêque de Blois, et obtenir la confirmation du Brevet de Monsieur.

AU ROY.

SIR,

Instruits que nous sommes du long Mémoire que M. l'Evêque

____

(1) Reg. XIX, fol, 47, v°.

de Blois vient de mettre sous les yeux de Votre Majesté pour rendre inutile auprès d'elle la préférence qu'il a plu à Monsieur d'accorder à son Eglise de Vendome sur l'Eglise de Blois, en consentant en sa faveur à la suppression du titre de L'Abbaye de La Sainte Trinité de la même ville de Vendome pour lui en réunir les revenus, nous ne croyons pas devoir différer plus longtemps, les très humbles représentations que dans l'Excès de notre douleur à la vûe de ce Mémoire, nous prenons la Liberté d'adresser à Votre Majesté, au nom du Clergé, de la Noblesse et du Tiers Etat de votre Province du Vendomois ; Daignés, Sire, les accueillir favorablement : La cause que nous y deffendons est la votre, en même tems quelle est celle de Monsieur, Et votre justice et sa gloire sont également intéressées à assurer irrévocablement à son Eglise de Vendome, l'union de L'Abbaye de la Ste Trinité, qui en est l'objet.

Un court exposé des besoins de cette Eglise, et des Droits qu'elle a à votre protection et à celle de Monsieur, va établir ce double intérêt et vous en convaincre ;

Qu'il nous soit donc permis, Sire, de vous Représenter que l'Eglise de Vendome bâtie dans l'enceinte du château de Monsieur, est le Temple que vos augustes ayeux ont élevé à l'Eternel, que c'est là qu'ils l'ont adoré pendant plus de trois cent ans, qu'ils ont été Comtes et successivement Ducs de Vendome, et qu'elle est le Lieu saint ou reposent Les cendres du Prince Jean de Bourbon tige de votre Glorieuse branche et le Premier d'Entr'eux qui n'eût plus sa sepulture parmi les Roys dont il descendoit par Jacque son Père fils de Louis, qui eût pour Pere Robert comte de Clermont cinquieme fils de St Louis votre dixhuitieme ayeul ; que c'est dans ce lieu saint que reposent celles de Louis son fils fondateur en mille quatre cent vingt huit de huit canonicats et quatre vicaires dans cette Eglise, et en 1449 des quatre dignités de Prévôt, de Sous-Chantre, de Trésorier et de Chancellier. Celles de Jean second du nom, fils de ce Prince et Père de francois, celles de francois pere de Charles tige des Princes de Condé Et Premier Duc de Vendome, celles de Charles Pere d'Antoine pere du plus aimé des Roys, celles des Princesses Epouses de ces Princes, et celles enfin des princes et Princesses leurs enfants.

Qu'il nous soit permis, Sire, de vous représenter que cette Eglise si recommandable et si digne, à des titres aussi sacrés de votre protection et de celle de Monsieur, ou tout annonçoit autrefois le zèle de tant de Princes et de Princesses pour la Mai-

son du Seigneur dans la Magnificence des dons dont ils s'étoient
plu à la décorer, n'offre plus dans ces solemnités que l'affligeant spectacle de son indigence, et du besoin quelle a du secours que Monsieur a eû L'intention de lui procurer en consentant à la suppression du titre de L'Abbaye de la Ste Trinité
pour lui en réunir les revenus.

Qu'il nous soit permis, Sire, de vous représenter que les
chanoines de cette Eglise encore plus indigents qu'elle, sont
obligés, Lorsqu'ils n'ont que leur Canonicat pour vivre, d'aller
déservir d'autres Eglises pour ne pas manquer de L'extrème
nécessaire, que la modicité de leurs Bénéfices ne leur fournit
plus, et que cette Eglise, la plus noble, sans contredit, après
celle de St-Denis de toutes les Eglises du Royeaume, et celle à
la gloire de laquelle Votre Majesté a ainsi que Monsieur, les
plus justes et les plus touchants motifs de s'intéresser, en est
par le plus étrange des contrastes une des plus pauvres, tant
dans ses revenus que dans les choses nécessaires à la célébration de nos saints Mystères. Ses canonicats ne vallent que cinq
à six cent Livres, etc....

(L'abbé Pinel reproduit ici toute la partie du rapport du
sieur Gerbier contenue sous le titre Observations, puis il con-
tinue :)

Votre Majesté, Sire, ne sera sûrement pas surprise que
d'après d'aussi puissantes considérations, ce dernier projet ait
été adopté par Monsieur à l'unanimité des voix de son Conseil;
mais pourra t elle ne pas l'etre, de la chaleur avec laquelle
M. l'Evêque de Blois sollicite la révocation d'un bienfait, si digne à tous égards de la justice, de la piété, et de la bienfaisance
de Monsieur, pourra t'elle ne pas L'ettre en voyant M. l'Evêque de Blois lui proposer dans son Mémoire d'acquitter la Dette
d'henry le Grand, envers l'Eglise de Monsieur, en détruisant
cette Eglise par un procédé semblable à celui du Despote,
dont parle M. de Montesquieu qui coup L'arbre par le pied
pour en avoir les fruits.

En notre particulier, Sire, nous le sommes nous vous l'a-
vouons, dans L'amertume de notre cœur, mille fois plus que
Nous ne pouvons vous L'Exprimer que M. L'Evêque de Blois
respecte assés peu les Dernieres volontés des Princes qui y reposent dans La nuit du tombeau pour ne pas craindre d'y
manquer en vous offrant de transporter leurs cendres du Temple qu'ils ont elevé au Seigneur, et ou ils ont fondé l'Eternel
hommage de Loüange et d'adoration qu'on y rend, en leurs

noms, au Dieu qu'ils y ont invoqué, dans une Eglise étrangère où ils seroient bientôt oubliés.

Soyez, Sire, leurs Deffenseurs, soyez le de nos autels quil projette de renverser, soyés le de nos pauvres a qui Monsieur, à assuré a perpétuité plus de quatre mille Livres de rente sur les revenus de L'Abbaye de la Ste Trinité par le même Brevet, par lequel il a consenti L'union de cette Abbaye à son Eglise, et ne permettés pas qu'on raye des fastes de la ville de Vendome une grace qu'il a accordée à son Eglise aux titres les plus Légitimes et les plus sacrés, Grace dont L'éclat et La publicité ont mis son nom en bénédiction, dans toute la Province, Grace que déja notre reconnoissance à transmise à la postérité en en inscrivant le Brevet signé de sa main sur nos registres dans une assemblée des trois Etats de la Province ; Grace enfin à laquelle Monsieur, nous à fait assurer par une Lettre de son surintendant en datte du vingt neuf juin dernier qu'il ne feroit rien changer par ce que (ce sont les termes de cette Lettre) Monsieur connoissoit les motifs et les vûes de M. l'Evêque de Blois Lorsqu'il l'avoit accordée à son Eglise de Vendome.

Nous trouvons, Sire, dans le même raport du s^r Gerbier sa reponse au pretendus engagements de Monsieur en faveur du Projet de M. l'Evêque de Blois, que M. l'Evêque de Blois nous oppose : *J'ay eu l'honneur de conférer*, eto. (1).

Qui peut, Sire, mieux juger La nature de cet engagement, et L'apprétier que M. l'Evêque de Seés.

Nous avons au surplus, Sire, analysé avec la plus scrupuleuse éxactitude le Mémoire de M. l'Evêque de Blois et cette analise ne nous à rendu pour résultat qu'un projet de Destruction de toutes les Eglises du Royaume, En commençant par celle de Vendome, que des faits trop Légérement hazardés au soutien de ce plus qu'étrange projet et de prétendûes vûes de bien public, ou remplies ou sans objet. Telles sont celles d'augmenter le nombre des places Gratuites dans le séminaire de Blois, et de fonder un bas chœur dans sa cathédrale. Nous avons démontré par le calcul en réponse aux premieres que le Séminaire de Blois à dans les trois Prieurés de la Chapelle Vicomtessé, de Monthodon, et de Boulogne, qui y sont réunis,

---

(1) Voir plus haut Pièce justificative N° V, page 134.

autant et plus de places gratuites que le Diocèse de Blois ne fournit de sujets pour les remplir, et nous avons opposé au prétendu besoin d'un bas chœur dans la Cathédrale que M. L'Evêque de Blois suppose n'en point avoir, quelle en a un très nombreux ; que dans le bas chœur il a des Diacres et sous Diacres d'offices, des chantres et des musiciens, auxquels feu M. de Crussol Evêque de Blois à affecté par son Décret du 1er septembre 1746. vingt quatre chapelles fondées dans cette Eglise, et que ces vingt quatre chapelles aux termes de ce Décret revêtu de toutes les Formalités qu'il éxige ; ne peuvent être conférées qu'a eux par Le Chapitre ; nous ne doutons pas, Sire, que M. L'Evêque de Blois mieux informé ne convienne, qu'il a été aussi mal servi sur ce point de ce fait, par le chanoine qui a rédigé son Mémoire que sur Le détail qu'il y donne de L'argenterie et des ornemens de son Eglise. Nous pourions, Sire, en donner un plus Exact à Votre Majesté ; mais nous craignons d'abuser des moments qu'elle voudra bien donner à nos très humbles Représentations : nous lui observons seulement que si M. l'Evêque de Blois pense avoir besoin à l'avenir de plus de places gratuites dans son séminaire qu'il n'y en a, c'est pour lui la chose du Monde la plus aisée à remplir en y faisant unir les trois Prieurés de Selle, Du Breuil et de St-Symphorien. Le premier vaut quinze cent Livres de rente, Le second mille a onze cent, et le troisieme douze, Ces trois Prieurés sont à sa Collation, sur laquelle il est plus naturel et plus juste qu'il prenne, que sur celle de Monsieur.

Puisse, Sire, Le Souverain des Jours veiller sur ceux de Votre Majesté Et sur ceux de Notre Auguste Reine, Puisse t'il pour sa Gloire, pour Le bien de l'Eg ise et pour le bonheur de La France les prolonger au dela du terme le plus reculé de la vie des hommes, ce sont les vœux, Sire, que font pour vous et pour elle les sujets aussi Respectueux que fidelles et soumis de votre Province du Vendomois et en particulier Le chancelier de L'Eglise de Vendome.

N° XI

BREVET DU ROY du 20 août 1785 qui authorise l'extinction et suppression du litre de l'abbaye et réunion d'icelle pour moitié à ladite église du Chapitre.

(Perdu.)

N° XII.

BULLE DU PAPE Pie VI confirmative de la réunion cy dessus, ayant en tête le brevet du roy, pareillement imprimé. Donné à Rome le 14 des calendes de Juillet 1789.

(Perdue.)

Ces deux pièces se trouvaient dans les archives de la collégiale, renfermées précieusement dans une cassette. Nous avons retrouvé ces titres dans les inventaires de la collégiale dressés en 1790.

Vendôme. Typ. Lemercier.